CATALOGUE

DES

GENTILSHOMMES

DE LYONNAIS, FOREZ ET BEAUJOLAIS,

QUI ONT PRIS PART OU ENVOYÉ LEUR PROCURATION AUX ASSEMBLÉES DE LA NOBLESSE
POUR L'ÉLECTION DES DÉPUTÉS AUX ÉTATS GÉNÉRAUX DE 1789,

Publié d'après les procès-verbaux officiels,

PAR MM.

LOUIS DE LA ROQUE ET ÉDOUARD DE BARTHÉLEMY.

PARIS,

FIRMIN DIDOT, FRÈRES, | E. DENTU, LIBRAIRE,
Libraires, 56, rue Jacob. | Galerie vitrée, Palais-Royal.

1861

Paris. — Typographie de Firmin Didot frères, fils et Cie, rue Jacob, 56

AVERTISSEMENT.

L'ancienne généralité de Lyon comprenait les trois provinces de Lyonnais, Forez et Beaujolais, que nous réunissons dans une même livraison. Elle forme aujourd'hui les départements du Rhône et de la Loire (1).

Le procès-verbal des assemblées de la Noblesse, dans ces trois provinces, en 1789, est reproduit suivant l'ordre et l'orthographe des noms de terre ou de famille inscrits sur les registres déposés ax Archives de l'empire.

Ce catalogue de la Noblesse trouve un complément essentiel dans l'état des cours judiciaires et financières, dans l'état militaire et la composition des chapitres nobles de la province, qui sera donné dans chacune des livraisons de cette publication.

On pourrait s'attendre à trouver ici une liste des échevins de la ville de Lyon, dont les priviléges ont été maintenus et consacrés par plusieurs édits, depuis Charles VIII ; mais la plupart des familles encore représentées, qui tenaient leur noblesse de

----

(1) Les armes du Lyonnais sont : De gueule au lion rampant d'argent, au chef cousu de France ancien. Depuis l'Empire, le lion a été armé d'une épée dextre d'argent, en souvenir du siége mémorable de la ville de Lyon.

l'exercice de cette charge municipale, et qui l'avaient conservée
sans dérogeance, figurent dans l'assemblée du Lyonnais. La
publication de la liste des échevins n'aurait servi qu'à établir
une confusion inutile; nous avons voulu l'éviter.

Paris, 25 décembre 1860.

CATALOGUE

DES

GENTILSHOMMES DE LYONNAIS.

————◦————

*Procès-verbal de l'Assemblée des trois ordres de la ville
et sénéchaussée de Lyon. 14 mars 1789 (1).*

(*Archiv. imp., B. III,* 75. p. 765 ; 834-866 ; 922-925.)

NOBLESSE.

Étienne, comte de Drée, chevalier, Sgr de Chateauneuf et de Meyzilly.

Laurent-Gabriel-Hector de Cholier, comte de Cibeins.

Jean-Baptiste Bourbon du Deaulx.

Dominique Vouty.

Gabriel-Bernard Albanel de Cessieu, fils.

Jacques Deschamps.

Pierre-Suzanne Deschamps, écuyer.

Jean-Nicolas Dervieu de Villieux, chevalier, capitaine d'artillerie.

Jacques-Hugues-Suzanne de Chaponay, fils.

Pierre-Élisabeth, comte de Chaponay.

Baron de Moranié et Belmont, Sgr de Beaulieu, Lepin, Marzé, Liserable, Saint-
Jean des Vignes, représenté par Hugues-Suzanne de Chaponay, son fils.

Jean-Pierre Desfours de Maisonforte, fils, chevalier.

Fleurie Dutreuil, veuve de Blaise Desfours, écuyer, ancien conseiller en la cour
des monnaies de Lyon.

Claude Servant de Poleymieux, chevalier, trésorier de France.

Antoine Chasseing, chevalier, conseiller au parlement, Sgr de Chasselay et des
Chères.

Claude Carra de Rochemure, chevalier, capitaine au régt d'Orléans.

Pierre-Benoît Carra de Veaux, Sgr de Veaux et du fief de Laye, en Lyonnais.

(1) Nous croyons devoir faire observer qu'un certain nombre de familles nobles ont pu ne
pas figurer dans les assemblées de Lyonnais, Forez et Beaujolais pour cause d'absence, de ma-
ladie ou d'abstention.

Jean Pierre-Antoine Chirat, écuyer, lieut. partic. en la sénéchaussée de Lyon.

Antoine Debeck, chevalier, Sgr de la Valsonnière.

Claude, marquis de Sarron, Sgr de Cyrrieux.

Pierre Posuel, chevalier, Sgr de Verneaux.

Jacques Pernon, écuyer.

Jacques-François Darnal.

Jean-Baptiste-François Darnal.

Benoît Le Roy, écuyer.

Louis-François Clavière, écuyer.

Jacques-Catherine Charrier de Grigny.

Antoine Fay de Sathonay, baron, Sgr de Sathonay, ancien prévôt des marchands de Lyon.

Jean-Antoine Servant, l'aîné, écuyer.

Jean-Pierre-Guillaume de Savaron, chevalier, Sgr de Larrajusse et Saint-Laurent de Chamousset.

François-Régis de Charpin, comte de Genestine, capitaine de dragons.

Joseph-Léonard Balaus de Chomburcy.

Réné-François Auriol, écuyer.

Le chevalier de Baraillon.

Camille-Jacques-Annibal Claret de Fleurieux, président hon. au bureau des finances de Lyon, Sgr de la Tourette, baron d'Eyrcieux, Gerbes, Colombies, etc.

Claude Garnier, chevalier.

Le marquis de Harenc, capit. dans le régiment des cuirassiers du roi.

Louis-François Bottu de la Bonardière, chevalier, Sgr de Montgré, Murze, etc.

Louis-Hector-Melchior-Marie, marquis de Harenc, Sgr de la Condamine.

Jean-Jacques de Gallet, marquis de Montdragon, Sgr de Doizieu, marquis de Saint-Chamond.

Claude Berthaud de Talvyer, ancien conseiller en la cour des monnaies.

Philippe-François Berthaud du Coing.

Claude-Louis-André Blanchet, chevalier.

Claude-André Bourbon de Vanant.

De Brosse La Barge.

Marc-Antoine Claret de la Tourrette, chevalier honor. en la Cour des monnaies.

Pierre-Louis, marquis de Groslier et de Tresfort, comte de Maisonseule, vicomte du Thil.

Jean Jolyere, lieutenant des grenadiers royaux.

Claude-François-Dorothée, marquis de Jouffroy d'Abans.

Jean-Charles-Antoine Dorigny, fils.

Adam-Philippe Dorigny-Dampierre.

Terrasson, fils.

Antoine Torrent, fils, écuyer.

Claude-Aimé Vincent de Marginolas.

Pierre Vincent de Saint-Bonnet.

Jean Paradis, secrétaire du roi.

Pierre-François Rieusset, écuyer.

Étienne-Alexandre Broissier de la Rouillère, capit. commandant au régiment royal des vaisseaux.

Barthélemy de Boesse (Boisse), chevalier, Sgr de la Tenodière.

Jean-Pierre-Philippe-Anne La Croix, Sgr de Laval, ancien chevalier d'honneur
en la cour des monnaies.

Léonard Gay de la Lévretière, écuyer.

Étienne-Hyacinthe Gayot de Macerany, chevalier, comte de Chateauvieux.

Jean-François Maindestre, chevalier.

François Maniquet, chevalier.

Joseph Orsel de Chatillon, écuyer.

Benoît Pontus de la Bourdelière.

Louis Rambaud de la Sablière.

Camille Regnaud, écuyer.

Pierre Roux, écuyer.

Claude-André Roux, écuyer.

Léonard Roux de Cruzol.

François-Catherine-Jean-Pierre, marquis de Ruolz, chevalier, Sgr de Franche-
ville et Chaponost.

Jean Terrasson, père, ancien secrétaire du roi.

Henri-Gabriel-Benoit d'Assier, baron de la Chassagne.

Louise de Covet, dame de Saint-Bernard et la Bruyère.

Amélie de Boufflers, marquise de Neuville.

Suzanne-Jeanne Bellet de Tavernot, dame de Cruix.

Joseph Leviste de Briandas.

Terrasse d'Yvours, chevalier, Sgr d'Yvours, du Péage, de la Blancherie, etc.

Jean-Rodolphe Quatrefages de la Roquette, Sgr de Saint-André, du Coing de
Limonts, co-Sgr de Saint-Didier au Mont d'Or.

François Bon Morel de Doizy, chevalier.

Henri Darthaud, chevalier, Sgr de Roubton, la Feuillade, le Surgeon, etc.

Louis-Marie de Gaugnère, chevalier, comte de Souvigny, Sgr de Saint-Laurent
et Saint-Vincent, etc.

Benoit-Joseph Desgouttes de la Salle, chevalier, Sgr de la Routalouyres.

Louis-Marie de Leullion, écuyer, Sgr de Thorigny, lieut. particulier, assesseur
criminel au présidial.

Étienne Dugas, chevalier, conseiller du roi en ses conseils, ancien président
en la cour des monnaies de Lyon et du présidial, lieutenant général criminel
honoraire en la sénéchaussée et siége présidial de Lyon, Sgr de Turni,
Savonost, etc.

Barthélemy-Antoine de Riverie, fils, chevalier de Saint-Louis, capit. commandant de la compagnie des grenadiers du régt d'Anjou.

Jean-François-Barthélemy de Riverie, chevalier, Sgr de Saint-Jean, à Toulus,
d'Échalus et Saint-Romain.

Barthélemy-Régis Dervieux du Villars, chevalier, ancien capitaine au régt de
Bresse, chevalier de Saint-Louis.

Claude-Jean-Marie Dervieu de Varey, chevalier, ancien conseiller en la cour
des monnaies de Lyon, Sgr de Varey et du Villars.

Claude-Louis Morel, chevalier.

Jean-Baptiste-Espérance, comte de Laurencin, chevalier de Saint-Louis, Sgr de
Chanzé et de Machy.

Claude-Antoine de Gérando, ancien conseiller en la cour des monnaies.

Jeanne-Marguerite de Gérando, dame du Chambroy, à Oulins.

Jacques-Joseph de Mayol, chevalier, ancien conseiller d'honneur en la cour des monnaies de Lyon.

Jean-Louis-Éléonore de Sainte-Colombe, chevalier, Sgr de Sainte-Colombe, Le Poyet, etc.

Aimé Guillin, écuyer, officier au régt d'Austrasie.

Henri-René de Montrichard, chevalier, Sgr de Marsangy.

Jacques-Imbert Colomès, échevin de Lyon.

Jean-Baptiste Decourt, chevalier de Saint-Louis, Sgr de la Garde.

Louis-Marie Dulieu, chevalier, Sgr de Bussière.

François Valence de Miniardière, chevalier, Sgr de Miniardière, La Foret Chamey, etc.

Hugues Guillin, avocat, Sgr d'Avenas.

Louis Robert de Syrvinges, Sgr de Syrvinges, La Motte Camp.

Léonard Bourlier de Pasigny, chevalier, Sgr d'Ailly, Pasigny, Saint-Didier de Favières, Commette, Saligny, etc.

Jean-Louis Michon, comte de Vougy, chevalier, Sgr dudit comté et du fief d'Aillant.

Jean-Baptiste, baron de Fisicat, Sgr de Beauregard, Bellièvre, Rochebaron, etc.

Pierre-Emmanuel Dumirat, chevalier, Sgr de Crary, de la baronie du côté de Gible, etc.

Jacques-Pierre Guillet de Chatelus, chev., Sgr de Chatelus, Saint-Denis, etc.

Robert-René d'Affaux, chevalier, Sgr de Glatta, baron de Saint-Lagier.

Louis Trollier de Chazelles, chevalier, ancien capitaine d'infanterie.

Jean-François Trollier de Fetau, chev., Sgr de Meyssinieux, Fetau, Forgières, etc.

Joseph Leviste de Briandas, ancien capitaine au corps royal d'artillerie, chev. de Saint-Louis.

Just-Henri, comte du Bourg de Saint-Polgue, chevalier, marquis de Bozas, baron de la Roue, Sgr de Saint-Félicien de Bornal en Lyonnais.

Jean-Claude-Anthelme Charcot, chevalier.

Louis-Catherine, marquis de Loras.

Pierre-François-Marie, comte de Baglion, premier chambellan de Mgr le comte d'Artois, Sgr du comté de La Salle, Quincieux, etc.

Jean-Baptiste Bona de Perex, chevalier.

François-Marie Bona de Chavagnieux, chevalier, officier de dragons.

Abel-Marie-Lambert Bottu de Saint-Font de Limas, ancien officier au régt de Saintonge.

Jean-François Burtin de la Rivière, trésorier de France en la généralité de Lyon.

Louis Bruyset de Mannevin, trésorier de France.

Pierre-François-Melchior-Nicolas Charcot de Franclieu, chevalier.

Jacques-Catherine Leclerc de La Verpillière, Sgr d'Isigny, lieut. de roi de la province de Guyenne, chevalier de Saint-Louis.

Pierre-Barthélemy-Marie-René-Joseph-Alexandre de Constant, chevalier des ordres de Mont-Carmel et de Saint-Lazare, capitaine de dragons.

François-Gabriel de Corteille, chevalier, Sgr de Vaurenard.

François-Isaac Coste, l'ainé.

Fleury-Marie Courbon de Montviol, chevalier, conseiller, avocat du roi en la sénéchaussée et siége présidial de Lyon.

Claude Dareste de Sacconay, Sgr de Sacconay, etc.

Jean-Claude Dareste, chevalier, chef d'escadron de chasseurs.

Jean-Baptiste Daudé, chevalier.

Jean-Pierre Delglat de la Tour du Bost, chev., président au bureau des finances de Lyon.

Jean-Pierre Delglat, chevalier d'honneur audit bureau des finances.

Simon-Jean-César Durand, Sgr de Chatillon, chevalier, trésorier de France.

Jean-François, baron de Fisicat, capit. au régt de Penthièvre-dragons.

Claude Ravel de Montagny, écuyer, baron de Montagny, Millery-Sourcy, première baronie du Lyonnais.

Antoine-Henri Jordan, l'aîné, ancien échevin de Lyon.

Antoine Desvernay, écuyer, Sgr de Greyzière, Souvigny, Vilet, Fourchet, Verossel, Montgaland, etc.

Jean-Claude-Anthelme Charcot, chevalier.

Claude-Pierre Fuzillier, écuyer.

Jean-Claude Gabet, chevalier, directeur de la monnaie de Lyon.

Pierre-Philippe-Lyon Garnier, officier.

Léonard Gay, ancien écuyer (ancien échevin, 1784).

Jean-Mathieu Girard, écuyer.

Christophe Giraud, écuyer.

Georges-Marie Giraud de Montbellet.

Pierre-Nestor Grassot, écuyer.

Pierre-Marie-Anne, marquis de Harenc de la Condamine, fils, Sgr d'Ampuis.

Ennemond-Augustin Hubert, chevalier, Sgr de Saint-Didier, Rochefort, etc., baron de Riottier, chevalier de Saint-Louis, mestre de camp de cavalerie, ancien écuyer de main de Madame.

Guillaume-Victor Hubert de Saint-Didier, chevalier, premier capit. commandant au régt des cuirassiers du roi.

François Jolyclerc de Belvé, officier d'infanterie.

Antoine-Henri Jordan, fils, écuyer.

Louis-Charles Leman de Talancé, écuyer, ancien capit. au régt de Bourbonnais, chev. de Saint-Louis.

Louis Leviste, comte de Montbriant, ancien capitaine au régt de Bourbonnais, ancien chevalier d'honneur au parlement, grand sénéchal de Dombes.

Étienne Marion, écuyer, Sgr du fief de La Tour-Laval.

Charles-Joseph Mathon, chev., Sgr de la Cour; des Académies de Lyon, Villefranche, de la Société royale d'agriculture, de la Société patriotique bretonne.

Charles-François Milanais de la Thibaudière, écuyer, Sgr de la Thibaudière.

François-Marie-Ennemond Moginot de Liergues, chevalier, Sgr de Liergues, Pouilly-le-Monial.

Mathieu-Marc-Antoine Nolhac, ancien échevin de la ville de Lyon.

Jacques-André-Marie de Moyrel, Sgr de Vieux-Bourg, lieut. des maréchaux de France, chevalier de Saint-Louis.

André-Marie Olivier, écuyer, Sgr du Vivier et de Montagnieux.

Claude Orsel, secrétaire du roi honoraire.

Claude-Louis Orsel de La Tour, écuyer, conseiller en la sénéchaussée et siége présidial de Lyon.

Fleury-Zacharie-Simon de Paterme de Savy.

Jean-Nicolas Ponthus, écuyer, conseiller en la sénéchaussée et siége présidial.

Jacques-Claude Rambaud, écuyer, Sgr de la Vernouse, ancien lieutenant particulier en la sénéchaussée et siége présidial de Lyon.

Thomas Rambaud de Monclos, garde du corps du roi, capit. de cavalerie.

Robin d'Olienas, écuyer, ancien chevalier en la cour des monnaies.

Jean-Gabriel Rocoffort, échevin.

François Dernols, chevalier de Saint-Louis et Saint-Lazare, ancien lieutenant des vaisseaux du roi.

Pierre-Jacques Sain, écuyer.

Barthélemy Terrasson de Barrolière, Sgr de Senevas et Saint-Romain.

Pierre-Joseph Thevenet, chevalier, officier de la milice bourgeoise de Lyon.

Antoine Bonne, marquis de Renauld, Sgr de Pomay-Acton.

Le marquis de Mont-d'Or, Sgr de Charpieux, etc.

Barbier de Charly.

Laurent Basset, chevalier, conseiller honoraire en la cour des monnaies, lieutenant général en la sénéchaussée et siége présidial de Lyon.

Basset de Chateaubourg.
Basset de la Marelle.
Baudard.
François-Antoine Beaucamp de Saint-Germain.
Jean Beaucamp de Saint-Germain.
Benoit.
Berger, écuyer, conseiller en la sénéchaussée et siége présidial de Lyon.
Berger du Sablon, écuyer.
Bertholon, échevin.
Beuf de Curis, écuyer, trésorier de France.
De Boissieu.
Bollioud de Chanzieu.
De Borde, baron du Chatelet.
Boulard de Gattelier.
Bourbon de Mousset.
Bourg.
Brossier de la Rollière (Roullière).
Le comte de Carmazet.
Chappe de Brion.
Chazette.
Chirat, le jeune.
Choignard.
Clavière de Jarnieux.
Clerin de Janzé.
Colomb d'Hauteville.
De Constant, père.
Coste, cadet.
De Croix.
De Grais, échevin.

De Jussieu de Montluel.
De Jussieu de Montluel-Saint-Marcelin.
Dervieu de Goiffieu.
Dervieu de Villène.
Descorches de Sainte-Croix.
Diau.
Diau, fils ainé, écuyer.
Diau, fils cadet, écuyer.
Dubost de Carlieux.
Dugas de Chassagny.
Dumarest de Chassagny.
Durand de la Flachère.
Duval.
Fardel de Verrey.
Le comte de Ferrary de Romans.
De Ferrus de Plantigny.
Flachon de Barey.
Flachon de la Jomarière.
Fontaine de Bonnerive.
De Fontanelle.
Fourgon de Maisonforte.
De la Frasse de Sury.
De la Frasse de Saint-Romain.
Gardelle, père.
Gardelle, fils.
Chateauvieux.
De Gérando.
Giraud de Saint-Oyen et de Saint-Try.
Gonin de Lurieu.
Gramer, cadet (Granier).
Grassot, père.
De Guillon de la Chaux.

Janin, chevalier de Saint-Michel.
Imbert.
Julien.
Lacour.
Lacour de Montluzin.
Lambert.
La Roue, père.
La Roue, fils.
La Salle, chevalier de Saint-Michel.
La Sausse.
Le Roi de Champfleury.
Le Roi de Jolimont.
Le comte de Malivert de Vaugrigneuse.
Margaron de Saint-Véran.
De Mayol de Lupé.
Michon.
Milanais de la Salle.
Monial de Lécluse.
Monlong.
Muguet de Mongaud.
De Murard de Saint-Romain.
Nerprat (Neyrat).
Nolhac.
De Noyel de Parange.
Palerne de Motestrier.
Passerat de Silans.
Pernon, père.
Pernon, ancien major de cavalerie.
Philibert de Clérimbert.
De Prévidé-Massara.
Rambaud, écuyer, prem. avocat du roi en la sénéch. et siége présidial.
Rambaud, ancien échevin.
Ranvier.
Rast, ancien échevin.
Rast, fils, écuyer.
Ravier.
Reboul.
Le marquis de Rigaud de Bellecise.
Regny.

Reveronz, l'ainé (Révéroni).
Reveronz du Chausset.
Richard du Colombier.
Rigod de Saint-Romain.
Rigod de Terrebasse.
De Riverieux, fils.
De Riverieux de Chambert.
De Riverieux de Varux.
De Riverie de Saint-Jean.
Rocoffort, l'ainé.
Rocoffort, le cadet.
Le chevalier de Rostaing.
Rousset de Saint-Éloy.
Rousset, l'ainé.
Rousset, le cadet.
Roux, ancien échevin.
Roux.
Roux.
Royer.
Sahul de Planhol.
Savaron.
J.-M. Servant.
J.-C. Servant.
P. Servant.
G. Servant.
Servan-Briasson.
Terrasse, chevalier d'Yvours.
Terrasson de Senevas.
Trolliod de Fonterenne.
De Vacheron.
Valesque, l'ainé.
Valesque, le cadet.
Valons, le père.
Valons de la Proty.
Vauberet-Jacquier.
Vial, ancien échevin.
Yon de Jonage.
Yon, chevalier de Jonage.
Fleurant de Rancé.
Le baron de Riverie.

Tous composant, soit personnellement, soit par procuration, l'ordre de la Noblesse de cette sénéchaussée et de son arrondissement, parmi lesquels les fondés de procuration desdits en ont remis les actes justificatifs au greffier secrétaire de l'Assemblée pour demeurer joints et annexés aux présentes.

On donna défaut contre MM. :

Le comte de Gain, Sgr de Condrieux.
Les cohéritiers de Fougerol.
Terrai Hue de la Curée de la Blanche.
Le marquis de Digoine.
La dame Courtin de Neufbourg.
Le marquis de Vichy.
De Jussieu de Combeblande.
Le marquis de Saint-Georges et Saint-André.
De La Rochefoucault.
Berraut de Bessin.
Le marquis de Foudras.
Le duc d'Harcourt.
Maret de Saint-Pierre.
De Guillermin.
Dupuis Duleux.
Les héritiers Catalan.
La comtesse de Chataille.
Mazenod de Chance.
Lafont de la Barolière.
Meyraud de Lorette.
La baronne d'Yzeron.
Le marquis de Fenoyl.
La dame de Foudras.
Le marquis de la Boyne.

Le marquis de la Clayte de Pluvis.
Caze de la Roche-Cardon.
De Nevo de Thezé.
Sabot de Pisey.
De Pivoley de Champagny (Sabot).
Demoiselle de Brosse d'Yguerande.
Dame de Senozan.
Demoiselle de Souzy de Muza.
Garin du Buisson.
Trollier de Meyssinieux.
Dieudonné Sartout, sieur de Jonché.
Riche de Prony.
Mascrany de la Bussière.
De Micoud de Charsetain.
Rolland de la Durie.
Le marquis d'Albon.
Guérin de Guérin.
Le baron d'Yzeron.
Cruzel de Montgon.
Riboud d'Épaisses.
Guillin de Poleymieux.
Manis de la Barollière.
Mayeuvre de Champvieux.
De Rochefort de la Caille.

DÉPUTÉS DES TROIS ORDRES DE LYONNAIS

AUX ÉTATS GÉNÉRAUX DE 1789.

CLERGÉ.

De Castellas, doyen de l'Église, comte de Lyon.
Flachat, curé de Notre-Dame de Saint-Chamont.
Mayet, curé de Rochetaillée.
Charrier de la Roche, prévôt du chapitre noble d'Ainay.

NOBLESSE.

Le marquis de Mont-d'Or.	Le marquis de Loras.
De Boisse.	Deschamps.

TIERS ÉTAT.

Girer, médecin à Tarare.	Millanois.
Trouillet, négociant.	Perisse du Luc.
Bergasse, avocat.	Couderc, négociant.
Durand, négociant.	Goudard, négociant.

CATALOGUE

DES

GENTILSHOMMES DE FOREZ.

Procès-verbal de l'Assemblée de l'ordre de la noblesse de Forez, tenue à Montbrison le 18 mars 1789 et jours suivants. — Imprimé à Montbrison, chez Mathieu Magnien, impr. de la province, 1789 (1).

(*Archiv. imp. B. III.*)

M. le marquis de Rostaing, bailli de Forez, président de l'ordre.

Le marq. d'Apchon, Sgr de Montrond.
Le chevalier d'Apinac (Flachat).
De Balichard de Montracher.
De Berthelas, Sgr d'Arpheuillette.
Le chevalier de Berthelas.
Bellet de Tavernol, baron d'Argental.
Bérardier de Grézieu, Sgr de la Chazotte.
De Bigny-Clorobert.
De Blumeinstein, fils (2).
De Blumeinstein, père, Sgr de la Goutte.
De Borne de Gagères.
De Boubée.
Le comte du Bourg de Saint-Polgue, Sgr dudit lieu.
Boyer du Moncel, Sgr de Bataillou.

Boyer de Sugny.
Buffet du Crozet.
De Buronne.
Celles Duby, Sgr de Lollagnier.
Challaye.
De Chambaran.
De Chambarlhiac.
Chamboduc de Saint-Pulgent.
Chapuis de Maubour, Sgr de Nervieu.
Chassain de Chabet, l'ainé.
Chassain de Marcilly.
De Chavagnac.
De Chazelet (Chasselles)
Chovet de la Chance.
Cognet des Gouttes.
Colomb d'Hauteville, Sgr du lieu.

(1) Les noms de fiefs et de famille ont été revus par nous sur l'édition des *Fiefs du Forez* publiée en 1858 par M. d'Assier de Valenches, d'après le manuscrit de Sonyer du Lac, composé en 1788, et appartenant à l'Académie de Lyon, qui en a autorisé la publication. (*Bibl. imp.*, L. réserve.)

(2) MM. de Blumeinstein, venus d'Allemagne en qualité d'ingénieurs de métallurgie, acquirent le fief de la Goutte en 1753, et le possèdent encore. Leur noblesse d'extraction fut reconnue par lettres patentes du mois de mars 1738. — *Fiefs*, 120.

De Contenson, Sgr du lieu (1).
De Contenson, capitaine de vaisseau.
Courbon de Saint-Genest.
Le marquis de Couzan.
De Cuzieu, fils.
De Cuzieu, père, Sgr du lieu (2).
Le comte de Damas.
Le comte de Damas, Sgr du Rousset.
Dassier, fils.
Dassier, père, Sgr de Luriecq (3).
Demeaux, lieut. général du bailli (4).
Demeaux de Merlieu et de Savignieu.
Destizet de Saint-Cierge.
Desvernay, Sgr de Viricelles.
De Flachat, Sgr d'Apinac.
Duguet, Sgr du Bullion.
Duguet, ancien capitaine au régiment d'Auvergne.
Duguet, offic. au régt de la couronne.
Duguet, officier au régt du duc d'Angoulême.
Le comte Dulieu, Sgr de Chenevoux.
Dumirat de Champlong, Sgr de Champlong.
Dumirat de Crary.
Dumirat, fils.
Dame Dumirat, épouse de M. de Nompère de Moncorbier, dame de la Sàlle.
Le comte de Fautrières, Sgr de Billi.
Le baron de Feugerolles, marquis de la Rivière.
Fisicat, Sgr de Bas.
Philibert de Fontannès.
De Fourneil, Sgr du Soleillant.
Gaudin, dame de Jas et de Feurs.
Gonin de la Rivoire, Sgr de la Merlée.
Goulard de Curraize.

Grailhe de Montaima, secrétaire de l'ordre de la Noblesse.
Le comte de Grezolles (Gayardon).
Griffet de la Baume.
Guillet de Chatelus, Sgr du lieu.
Le duc de Harcourt, Sgr du duché de Roanne.
Le marquis de Harenc.
Hue de la Blanche.
Hue de Latour.
Hue de Latour, dame du lieu.
De Jacquemond du Mouchet, Sgr de la Prade.
Julien de Villeneuve.
Julien Duviviers.
Julien, Sgr du Mas-Fontanès.
De Labeau de Bérard, marquis de Maclas.
De Lafrasse, Sgr de Sury et Saint-Romain.
De La Garde.
De La Goutte de Grézieu.
De La Menue.
De La Mure, Sgr de Champ.
De La Mure du Poyet.
De Landuzière.
De La Noerie, père.
De La Noerie, fils.
De La Rochette.
De La Tour de Varan.
Le Conte, père.
Le Conte, fils ainé.
Le Conte, officier au régt de Royal Roussillon.
Le marquis de Lestrange, Sgr de Saint-Julien.
De Livron, Sgr de Magnieu-Hauterive.
De Lurieu du Palais.

---

(1) Le nom de cette famille est *du Bessey*, de Roanne; elle est divisée en deux branches dites *de Villechaize* et *de Contenson*, qui sont des fiefs qui leur appartiennent. — *Fiefs*, 291.

(2) Le nom de cette famille est *Denis*; elle est sortie de l'échevinage de Lyon; en 1735, elle acquit le fief de *Cuzieu* et prêta l'hommage au roi en 1761 et 1776. — *Fiefs*, 73.

(3) Le nom de cette famille s'est écrit *Assier* et *d'Assier*. Elle possède la seigneurie de Valenches depuis le treizième siècle, et celle de Luriecq depuis 1700. Une branche fut titrée en Lyonnais par l'érection de la baronie de la Chassagne en 1672. — *Fiefs*, 167, 282.

(4) Le nom de cette famille s'écrit *de Meaux*. Durand-Antoine de Meaux, écuyer, seigneur du Perrier, lieutenant général au bailliage et sénéchaussée de Forez, juge domanial, acquit le comté de Saint-Just et marquisat d'Urphé le 16 octobre 1781 de François-Louis-Hector de Simianne et de Charles-François comte de Simianne. — *Fiefs*, 178, 277.

De Mascrany, Sgr de Bourgoin-la-Valette.

Mathon, Sgr de la Cour.

Mathon de Faugères.

Mathon de la Garinière.

De Mayol de Lupé, Sgr de Lupé.

Michel de Mazenod, Sgr de Saint-Georges et Saint-Thomas.

Meaudre.

Meaudre de Paladu.

Le marquis de Mondragon, Sgr de Lavala.

De Montaigne de Poncins.

Nayme des Orioles.

Neyron de Roche.

De Nompère de Champagny (1).

Palluat du Besset.

Papon de Goutelas, Sgr de Marcoux.

Du Peloux de Saint-Romain, Sgr du lieu.

Des Perrichons.

Perrin de Noally, Sgr du lieu.

Punctis de Boën.

De Punctis de la Tour.

Veuve de Pujol, dame de Gaitte, la Tourette et Aboin.

Puy de La Batie.

De Ramey de Sugny (2).

Ranvier, Sgr de Bellegarde.

Ravel de Montagny.

Riverieux de Saint-Nizier.

De Rochefort, comte de Bussy.

Le baron de Rochetaillée.

Le marquis de Rostaing, bailli de Forez (3).

Du Rozier.

Du Rozier de Magnieu, Sgr de Magnieu.

De Saignard de la Fressange, Sgr du lieu.

De Sainte-Colombe, Sgr du lieu.

Mlle de Sainte-Colombe, dame de Saint-Priest-la-Roche.

Le marquis de Saint-George, Sgr de Saint-André.

De Saint-Hilaire.

De Savaron, Sgr de l'Aubépin.

Sauzea de Barges.

Le marq. de Talaru, Sgr de Chalmazel.

Thoynet.

Thoynet de Bigny.

De Thy de Milly.

Du Treyve, Sgr de Saint-Meras.

Valence de Mignardière, oncle.

Valence de Miguardière, neveu.

Le baron de Vaugirard.

De Vernoux, Sgr de Noharet.

Vincent, Sgr de Saint-Bonnet-les-Oules.

Vincent de Soleymieu.

De Viry, officier de dragons.

De Viry, de Saint-Germain.

---

(1) Il fut député de la Noblesse aux états généraux.

MM. de Nompère de Champagny sont devenus *ducs de Cadore* sous le premier empire. L'un d'eux fut ministre d'État, sénateur, grand officier, puis pair de France. — *Fiefs*, 41.

(2) Le nom de *Sugny*, qui servait à désigner deux fiefs tout à fait distincts, fut porté par les deux familles de Boyer de Montorcier, et Ramey, conseiller au parlement de Metz. Le premier de ces fiefs était situé près de Feurs, et l'autre entre Persigny et Crémeaux.

« M. Ramey de Sugny a acquis de la famille Fialin de Crémeaux les rentes nobles sur divers fiefs qu'elle possédait depuis 1749. Le possesseur, il y a plus d'un siècle, de ees rentes nobles nous a donné dans sa descendance une des illustrations actuelles, chère au Forez, en M. le comte de Persigny. L'ancien manoir de Persigny, encore possédé par la famille, est aux environs de Crémeaux. » — *Fiefs*, 212.

(3) L'administration du marquis de Rostaing avait été très-populaire en Forez.

Quoique président de l'ordre de la Noblesse, il fut député du tiers aux états généraux. « Cette élection flatteuse et méritée, dit le procès-verbal, avait été faite par anticipation, par la » chambre des communes de la province, sur les vœux de l'ordre de la Noblesse. »

DÉPUTÉS DES TROIS ORDRES DE FOREZ

AUX ÉTATS GÉNÉRAUX DE 1789.

CLERGÉ.

Goullard, curé de Roanne.
Gagnières, curé de Saint-Cyr-les-Vignes.

NOBLESSE.

Le comte de Grezolles.
De Nompère de Champagny, major de vaisseau.

TIERS ÉTAT.

Le marquis de Rostaing, maréchal de camp, chevalier de Saint-Louis et
de l'ordre de Cincinnatus, grand bailli de Forez.
Jamier, propriétaire, à Montbrison, officier du point d'honneur.
Richard, propriétaire, à Bourg-Argental.
De Landine, avocat, membre de plusieurs sociétés savantes, bibliothé-
caire de celle de Lyon.

CATALOGUE

DES

GENTILSHOMMES DE BEAUJOLAIS.

*Procès-verbal de l'Assemblée générale des trois ordres de la séné-
chaussée de Beaujolais, tenue à Villefranche le 16 mars 1789.*

(*Archiv. imp.*, *B. III*, 27, p. 105, 117-126 ; 321.)

NOBLESSE.

François-Blaise Guérin de la Colonge, lieutenant général civil et criminel et de
police en la sénéchaussée de Beaujolais.
Louis-André-Élisée de Monspey, Sgr d'Argigny et de Vallières.
Charles-François de Montaigu, Sgr de la Chaize.
Alix-Joseph-Gilbert de Langhac, Sgr de Prancenoux.
Jean-Baptiste Noyel de Bereins, Sgr de Sernezy.
Joseph de la Salle de Pierreux.
François Bertin.
Jean-Jacques Debrosses, Sgr de Chevagny.
Louis Leviste de Monbacan et la Plaigne.
Jean-Baptiste de la Plaimbie (Pinpie) de Granoux, Sgr de Pomyé.
Robert René Daffaux, Sgr de Glatas et Saint-Lager.
La dame de Millière, dame de la Ferrière.
La dame de Villeneuve, dame de Joux-sous-Tarare.
Louis-François Bottu de la Balmondière, Sgr d'Arcy.
Jean-Baptiste Charrier de Laroche, Sgr de Jullié.
Jean-Louis-Éléonor de Sainte-Colombe, Sgr de Sainte-Colombe.
François-Joseph Terrency (Tircuy), Sgr de Corcelles.
Pierre-Henry Agniel, Sgr de Chenelettes.
François de Muzy de Trembly (Triéchy), Sgr de Vauzelles.
Claude-Antoine de la Roche de la Carelle.
Louis de Grollier, Sgr du Thil.
Jacques-Joseph Brac, Sgr de la Perrière.
Jean Despiney Delaye, Sgr de Saint-Denis-Despiney.
S. A. S. Mgr le duc d'Orléans.
Philippe-Marie Grumel de Montgaland, Sgr de Lerpinay (Apinay).

François Valence de Mignardière.
Jean-Louis Michon de Vougy, Sgr de Vougy (comte de Vougy).
Louis-Hugues de la Porte, Sgr de Saint-Nizier-d'Azergues.
Louis-Maximilien-Emmanuel de Lancry de Prou-le-Roy, Sgr de la Varenne.
François-Gabriel de Courteille, Sgr de Vaurenard.
Clancée de Charron (Sarron), Sgr de Saint-Just d'Avray.
Jean-Baptiste du Sauzay, Sgr d'Amplepuis.
Bénigne Burtin de Vaurion, Sgr de Chasselet.
Claude-Marie Hüe de la Blanche, Sgr du Bost.
Antoine-Hilaire de Guillermin de Courcenay, Sgr de Courcenay.
Jean Millanois de la Salle, Sgr de la Salle.
Antoine Guillin, Sgr de Poulgelon.
Hugues Guillin, Sgr d'Avenas.
Louis-Robert de Servinges, Sgr de Servinges (Sevelinges).
Marie-Thérèse-Louise de Pastourel de Beau, veuve de Henri-Joseph-François de
     Valadoux, Sgr de Saint-Julien.
Le comte de Damas-Daucour, Sgr de Forges.
Gaspard Arod, Sgr de Pierre-Fillaud.
Blaise Arod, Sgr de Montmelas.
Jean-Mathieu Bisinel de Saint-Victor, Sgr de Thizy.
Jean-Joseph-Hugues (Luc) de Pommey, Sgr de Rochefort.
Louis-Charles Le Meau (Lenceau), Sgr de Talancé.
La dame Catherine-Joseph de Godefroy, veuve de M. de Garnier-Desgarets, Sgr
     de Colombier.
Claude de Riverieux, Sgr de Chambost.
Antoine de la Roche, Sgr de la Rochebouron.
Charles-Joseph-Mathieu Béraud de Resseins, Sgr de Resseins.
Edme de Faudras, Sgr de la Place.
La dame Claude de Loricot (Loriol) de Digoine, comtesse de la Poype, dame
     de Poulle.
Joachim Baland, Sgr d'Arnas.
Jean-Baptiste Michon de Pierre-Clos, Sgr de Cenves.
Jean-Pierre Coupier, Sgr de Clairvaisolles (Clavaisolles).
La dame Catherine de La Fond, veuve de Saint-Fonds.
Claude-René-Marie-François-Thibault de la Roche-Tulon (la Rochefoucault),
     Sgr des Ardillats.
Nicolas-Marie Bottu de Saint-Fonds, Sgr de Saint-Fonds.
Jean-Baptiste Sabot, Sgr de Pizay.
Antoine-Marie Desvernay, Sgr de Montgaland.
La dame Augustine-Marie de Vitton de la Verpillière.
Louis-Gabriel de Roches de Longchamp.
Claude-Philibert Bernard de la Vernette, Sgr de Germolles.
Pierre-Benoît Carra de Vaux, Sgr de Vaux.
Jean Giraud, Sgr de Saint-Tris.
François-Joseph de la Beau de Bérard de Maclas, Sgr de la Venterye.
Claude-Marie-Louis-Henry Le Pileur, Sgr de Boitray.
Hugues-Louis-Marie de Sainte-Colombe de Laubépin, Sgr de Saint-Just.
Barthélemy-Hugues de Ferrus de Vandranges, Sgr de Cucurieux.

Claude-Louis Morel, Sgr de Peysses.
La dame Marie Giraud de Montbellet, veuve de M. de Fournillon de Buttery,
    dame de Charvay (Chervet).
Antoine-François-Aimé-Marie de Mignot de Bussy, Sgr de Hilliers (Villié).
Jean Maritz, Sgr de la Rigaudière.
Marc-Antoine de Mignot, Sgr de la Martizière.
Pierre-François Le Prêtre de Vauban.
Madame de Vauban.
De Drée, Sgr de la Farge.
Claude Carra de Saint-Cyr.
Jean-Claude de Mignot de Bussy.
Esprit-François Trollier, Sgr de Fontgrenue (Fotcranie).
Pierre-Edmond-Joachim-François-Marie-Élisabeth Moignot, Sgr de l'Écluse.
Claude Vital de Brosses, Sgr de Crotz et Malval.
Barthélemy de Ferrus, Sgr de Plantigny.
Pierre-Philibert (Philippe), Bourellier-Dailly.
Léonard Bourellier de Parigny, Sgr d'Ailly.

DÉPUTÉS DES TROIS ORDRES DE BEAUJOLAIS

AUX ÉTATS GÉNÉRAUX DE 1789.

CLERGÉ.

Desvernay, curé de Villefranche.

NOBLESSE.

Le marquis de Monspey.

TIERS ÉTAT.

Chasset, avocat.
Humblot, négociant.

PRÉSIDIAL DE LYON.

(Ressort du parlement de Paris.)

De Massot de la Ferrière, sénéchal de Lyon et du Lyonnais.
1783. Catalan, lieutenant général civil.
Faure de Montlant, lieutenant gén. criminel.
1772. Rambaud de la Vernouze, lieut. part. civil.
1775. De Leullion de Thorigny, lieut. part. assess. criminel.
1769. Charrier de la Roche, lieut. part. civil d'honneur.

1769. Perret, doyen.
1772. Ponthus, Girié, syndics.
Rougnard.
Camyer.
Vaurenard.
Jacob.
Clavière.
1772. Bergre.
1776. Micolliers.

1777. Orset de la Tour.
1779. Rey.
1781. Lucy.
1782. Chirat.
1783. Ballet.
1753. De Mayol, cons. d'hon. honor.
1772. Millanois, avocat du roi.
1770. Barou du Soleil, proc. du roi.
1783. Rambaut, avocat du roi.
1773. Montellier, substitut.

GÉNÉRALITÉ DE LYON.

(Pays d'élection.)

Terray, maître des requêtes, ci-devant intendant de Moulins, intendant.
Boin, l'ainé, subdélégué général.
De L'Horme, subdélégué de la ville de Lyon.
Le Febvre, secrétaire particulier de l'intendant.
Boin, cadet, secrétaire de l'intendance.
Bussat, secrétaire de l'intendance.

BUREAU DES FINANCES.

Présidents.

1785. Quatrefages de la Roquette.
1732. Agniel de Chenelettes.
1743. Vial.
1748. De Previdé-Massara.

1749. Delglat de la Tour du Bost.
Delglat de la Tour du Bost, chev. honor.

Trésoriers de France.

1764. Bruyset de Mannevieux, doyen.
1741. Bordeaux de Lurcy.
1764. Servant de Poleymieux.
1779. Duverney, syndic.
1766. L'abbé Duculty.
1769. Durand de Chatillon.
1771. De Boissieux.
1774. Charton.
1778. Flachon de la Jomarière.
1779. Terrasse.
Beuf de Curis.

1779. Burtin de la Rivière.
1766. Biclet.
1781. Garnier, syndic.
Galtier.
Chorel de la Plagny.
1782. Sarton de Jonchay.
1783. Lacour.
Du Gas de Varennes.
Faure.
1785. Dafflon.

Gens du roi.

1746. Michon, avocat du roi.
1785. Morond, procureur du roi.
1766. Pollet, avocat du roi.

Greffiers.

1774. Chatelin.
Fulchiron.

1768. Delafont.
1763. Bertrand.

Receveurs généraux des finances.

De la Garde, à Paris.

Millon d'Aniral, à Paris.

Contrôleurs généraux.

Thiven, à Lyon.

David de Monvalier, à Lyon.

Bussat, receveur général des domaines.
D'Origny, directeur général.
Michoud, contrôleur au département de Lyon.
Grailhe, contrôleur général au département de Montbrison.
De Souligné, écuyer, directeur général.
Mazuyer, inspecteur et contrôleur général.
Caze, receveur général, à Lyon.

GOUVERNEMENT MILITAIRE DU LYONNAIS.

Le duc de Villeroy, gouverneur général.
Le duc de Castries, lieutenant général.
Le marquis de Fumel, lieutenant général.
Le vicomte d'Albon, et le baron de Brosse, lieut. de roi.
Le comte de Montluel, sén. du Lyonnais.
Le marquis de Scepeaux, comm. en Lyonnais.

Lieutenants des maréchaux de France.

Lyon............	Le baron de Riverie.
	Le marquis de Bellescize.
Villefranche........	Le marquis de Chaponay.
	De Noyel.
Montbrison..........	Le marquis de Sarron.
	Chapuys de la Goutte.
	Le chevalier d'Yvours.
Trévoux............	Le comte de Genestines.
	Le chevalier de Cybeins.
Bourg-Argental.....	De la Pimpie de Granoux.

Gouvernements particuliers.

Pierre-Encise........	Le marquis de Bellescize, commandant.
	Le chevalier de Courtaurel, major.

CHAPITRES NOBLES D'HOMMES.

COMTES DE LYON (1).

Le Roi, premier chanoine.
1753. De Castellas, vic. gén. de Comminges, doyen.
1765. De Poix de Marécreux, vic. gén. de Lyon, archidiacre.
1763. De Castellas, vic. gén. de Vienne, précenteur.
1770. De Cordon, abbé de Fontmorigny, vic. général d'Embrun.
1742. De Pingon, grand prêtre, premier aumônier du roi de Sardaigne.
1733. De Saint-Aubin de Saligny, sacristain.
1761. De Clugny de Thenissey, vic. gén. de Vienne.
1758. Dupac de Bellegarde, vic. gén. de Carcassonne.
1774. César de Clugny, vic. gén. de Metz.
1758. De Fay de Maubourg, abbé de Beaulieu.
1752. De Poitiers de Chabans, vic. gén. d'Autun.
1750. Le cardinal de Bernis, archevêque d'Alby.
1753. De Gain de Linars, abbé de Sandras.
1757. Barbier de Lescoet, vic. gén. de Saint-Pol de Léon.
1760. De Lezay de Marnésia, vic. gén. de Lyon.
1761. De Chabannes, vic. gén. de Clermont.
1761. De Beaumont de Saint-Quentin, prieur de Bort.
1767. De Bernard de Rully, vic. gén. de Châlons-sur-Saône.
1773. De Gain, vic. général de Riez.
1771. De Bertrand de Poligny, vic. gén. de Bourges.
1772. De la Magdeleine de Ragny.
1776. De Sartiges, vic. gén. de Lyon.
1777. De Gourcy, vic. gén. de Lombez.
1778. De Cordon, vic. général de Châlons.
1778. De Sartiges, vic. général de Clermont, syndic.
1779. De Gourcy de Mainville, vic. gén. de Comminges.
1779. De Bois-Boissel, vic. gén. de Lyon, abbé de Verteuil.
1780. De Saint-George, abbé de Souillac, vic. gén. de Périgueux.
1783. De Turpin, vic. général de Beauvais.
1784. De Lentilhac, abbé de Saint-Cyprien de Poitiers.

(1) Les chanoines de ce chapitre, l'un des plus anciens et des plus illustres du royaume, portaient le titre de comtes de Lyon. Ils étaient obligés de faire preuve de seize quartiers de noblesse, dont huit du côté paternel et huit du côté maternel, comme au chapitre des comtes de Brioude.

1784. Charles-Antoine de Clugny.
1786. De Messey, vic. gén. d'Aix.
1786. De Hamel Bellenglise, vic. gén. de Cambrai.
1787. Frédéric d'Andlau.
1787. Claude-Charles de Mostuéjouls, aumônier de Madame.

Chanoines, comtes d'honneur.

1728. L. A. de Lézay de Marnésia, évêque d'Évreux en 1759, ancien doyen.
1743. D'Osmond, évêque de Comminges en 1764, ancien chantre.
1752. De Marbeuf, évêque d'Autun en 1767, comte, et archevêque de Lyon en 1788.
1751. De Clugny, évêque de Riez en 1772, comte.
1760. Simon de Montmorillon, comte.
1761. Dupac de Bellegarde, comte.
1771. Barbier de Kerno, chevalier de Saint-Louis, comte.

SAINT-MARTIN D'AINAI (1).

1758. De Jarente, abbé.
1749. Charrier de la Roche, prévôt
1741. De Rochefort de Saint-Didier.
1755. Yon de Jonage.
1758. De Noyel.
1758. De Riverie de Saint-Jean.
1763. De Maubec.
1764. De Renauld de la Richardie.
1765. Maindestre de la Luyerre.
1766. Ferrary de Romans.
1774. Brossier de la Rouillière.
1777. De Fisicat.

1778. De Renauld de la Richardie, jeune.
1778. De la Mouchonnière (Riverie).
1781. Morel de Voleine.
1781. Bérardier de Grézieu.
1781. Cardon de Sandrans.
1781. De Brosse de la Barge.
1784. Du Marché.
1784. Richard de Beligny.
1786. De Secia.
1774. Deissat-Duprat, ch. honor.

(1) Les preuves étaient de cent ans de noblesse paternelle, ou au moins noblesse du père et de l'aïeul.

CHAPITRES NOBLES DE DAMES.

ALIX (1).

De Cressia, abbesse.
De Naturel de Valetine.
De Cressia de la Tour
De Chaponay.
De Beurville.
De Vincent Panette de Villeneuve.
De Rozière d'Euvezin.
Bouhélier d'Audelange.
Bouhélier.
De Bar.
De la Porte.
De la Porte de Chateauvieux.
De la Porte d'Eydoche.
De la Porte de Marlieux.
De la Porte.
De Chaponay de Beaulieu.
De Bocsozel.
Bouhélier de l'Annoncourt.
De Greische.
De Cohorn.
De Cohorn de la Palun.

De Bocsozel de Montgontier.
De Neufchaize.
De l'Escalopier.
De Panette.
De Panette de Chantain.
De Panette de la Breille.
Le Compasseur de Courtivron.
De Rozières de Rechicour.
De Vincent de Mauléon.
De Ravel.
De Rivette-Desbaux.
De Roquigny.
De Savelly de Caseneuve.
De Romanet.
De Romanet de Saint-André.
De Vanel de Lisleroy.
De Sainte-Colombe.
Le Boulanger.
De Gratet de Dolomieu.
De Nollet.
De Mouchet, abbesse de Grisenon.

COIZE EN L'ARGENTIÈRE (2).

De Gayardon de Fenoyl, abbesse.
De Rochemonteix.
De Coignet des Gouttes.
De Charbonnel de Pelousac.
Desmards de Bretteville.
De Thy.
De Moreton de Chabrillan.

De Chevigné.
De Chevigné de la Sicauday.
Gab. de Marnays.
Mad. de Moreton de Chabrillan.
De Mauconvenant de Sainte-Suzanne.
De Vesc.
De Vesc de Béconne.

(1) Les preuves consistaient en cinq quartiers de noblesse du côté du père, et la mère demoiselle noble.

(2) Les preuves de ce chapitre étaient de huit degrés de noblesse du côté paternel et trois du côté maternel.

M. J. de Leusse.
De Mesnard.
De Bosredon.
De Beaumont.
G. Sophie M. L. de Beaumont.
De Malet de la Jorie.
De Guibert.
De Guibert de la Rostide.
F. A. de Voisins d'Alzau.
De Voisins d'Alzau.
De Lestouf de Pradines.
M. A. J. de Marcel de Poët.
De Marcel de Poët.
De Ligondès.
De Castellas.
De Busseul.
Thérèse des Montiers de Mérinville.
Marie des Montiers de Mérinville.
De Lostanges.
De Mont d'Or.
De Laurencin.
M. A. de Leusse.
Thérèse de Nieul de Perry.
Hon. de Nieul de Perry.
De Leusse.
De Marcel de Poët.
A. J. du Lau.
A. A. du Lau.
Marie de Nossay (Noscey).
A. M. A. de Nossay de Forges.
De Malivert.
A. G. de Bosredon.
De Bausset de Roquefort.
De Boisbéranger de la Salle.

De Poix de Marécreux.
De Roffignac.
A. E. du Lau.
De Belzunce.
De Rodorel de Conduché.
D'Arlais de Montamy.
De Bonfontan d'Andorfielle.
De la Rodde de Saint-Haon.
De Goyon des Briands.
De Rechignevoisin de Guron.
De Mun de Sarlabous.
De Dresnay.
A. M. de Caumont
De Chateaubriand.
J. Julie de Sers.
Madeleine de Sers.
De Maumont du Chalart.
Catherine de Joussineau de Fayac.
Barbe de Joussineau de Tourdonnet.
De Kercado de Molac.
Le Sénéchal.
De la Porte de Vezins.
De Forbin la Barben.
Jacquette de Rohien.
De Noaillan.
De Forges de Chateaubrun.
De Frisbois des Autieux.
De Beufvier des Palygnys.
Cillart de la Villeneuve.
Desmares.
Desmares d'Ymouville.
De Keratry.
De Montscusclin.

Chanoinesses d'honneur.

De Malvin de Montazet.
D'Abzac de la Douze.

De Valory de Lace.
De Cambis.

LEIGNEUX (1).

De Gayardon de Tiranges, abbesse.
De Chaussecourte.
De Montjouvent.
De Luzy-Couzan.

Le Brun de Champignolle.
Desjours.
Desjours de Montarmin.
Desjours de Mazille.

(1) Les preuves étaient de cinq quartiers de noblesse du côté du père, et la mère demoiselle noble.

D'Anstrude de Tourpes.
D'Anstrude de Tournelles.
De Moreton.
De Moreton de Chabrillan.
C. E. d'Anstrude.
De Prevost.
De Moreton du Mein.
Du Bourg de Saint-Polgue.
De Luzy-Cousan.
De Gayardon de Grezolles.
Dubuisson de Douzon.
De Gayardon d'Aix.
De Thy.
D'Agoult.
D'Agoult de Beauplan.
Zoé de Damas.
De Damas du Rousset.
D'Anstrude de Chassenay.
De Fortelle.
M. H. E. d'Anstrude.

M. B. J. de Prévost.
De Prévost de Germancy.
De Prévost de la Croix.
C. E. de Prévost.
De Gayardon de Fénoyl.
J. F. de Certaines de Villemolin.
M. G. de Certaines de Villemolin.
De Ganay.
De Ganay de Luzigny.
J. Luce de Ganay.
M. Th. de Ganay.
Rose de Ganay.
Catherine Salinguerre.
D. M. E. de Sainte-Colombe.
H. M. M. J. de Sainte-Colombe de Laubépin.
De Coucy.
De Rocquefeuille.
D'Agoult de Voreppe.
De Gayardon de Fenoyl.

SAINT-MARTIN DE SALLES (1).

De Richard de Ruffey, prieure.
De la Salle.
De Naturel de Valetine.
De Garnier des Garets.
De Naturel.
De la Souche.
De Guillermain.
De Pons de Praslin.
De Pons.
De Veyle.
De Veny d'Arbouze.
Durand d'Auxy.
Marguerite de Pestalozzi.
Charlotte de Pestalozzi.
De Balathier de Lantage.
J. de Balathier de Lantage.
De Montépin.
De la Martine du Villard.
De Joblot.
De Saint-Belin de Malin.
De Le Viste de Montbrionet.
De Mignot de la Martizière.
Des Roys.
De Branges de Bourcia.

De Siffredy.
De Siffredy de Mornas.
De Foudras.
J. Th. de Guillermain.
M. A. de Guillermain.
De Veny d'Arbouze.
De Mignot de Biffort.
F. A. des Roys.
M. R. D. de Sirvinge.
B. A. de Sirvinge.
Pauline de Sirvinge.
Henriette de Sirvinge.
M. C. Frère de la Falconnière.
J F. Frère de la Falconnière.
D'Astorg.
Françoise de Murat.
De Tudert.
De la Fitte de Pelleport.
Élisabeth de Murat.
De Noscey.
Petit de Viéville.
Petit de Viéville.
De Ronault.
D'Amédor de Mola.

(1) Les preuves de noblesse fixées par les statuts de 1779 étaient de huit générations du côté paternel, non compris la présentée, et la mère demoiselle noble.

Chanoinesses d'honneur.

De Malvin de Montazet.
Du Pont de Compiègne.
C. G. Th. Dupont.
Amelot.
M. C. de Malvoisin.
C. Th. de Malvoisin.

De Nogaret de Calvisson.
De Bizemont.
De Rosset de Létourville de Machault.
De Bourachet.
De Blancheton de la Rochepot.

(État des cours de l'Europe et des provinces de France. 1788. — État général de la France en 1789 par le comte de Waroquier.)